KU-492-204

LAS TRES DE LA MADRUGADA

026749

MIGUEL BUÑUEL

LAS TRES DE
LA MADRUGADA

ER
EASY·READERS
LECTURAS·FÁCILES

EDICIÓN SIMPLIFICADA PARA
USO ESCOLAR Y AUTOESTUDIO

Esta edición, cuyo vocabulario se ha elegido
entre las palabras españolas más usadas (según
CENTRALA ORDFÖRRÅDET I SPAN-
SKAN de Gorosch, Pontoppidan-Sjövall y
el VOCABULARIO BÁSICO de Arias, Pallares, Alegre), ha sido resumida y simplificada
para satisfacer las necesidades de los estudian-
tes de español con unos conocimientos un poco
avanzados del idioma.
El vocabulario ha sido seleccionado también
de los libros de texto escolares "Línea", "Encu-
entros" y "Puente", comparado con "Camino"
y "Un nivel umbral" del Consejo de Europa.

Editora: Ulla Malmmose

EDICIÓN A CARGO DE:
Berta Pallares, *Dinamarca*

CONSULTORES:
José Ma. Alegre Peyrón, *Dinamarca*
Otto Weise, *Alemania*
Ricardo Narváez, *Estados Unidos*

Diseño de cubierta: Mette Plesner
Ilustración de cubierta: Per Illum
Ilustraciones: Per Illum

© Herederos de Miguel Buñuel
© 1972 ASCHEHOUG/ALINEA
ISBN Dinamarca 978-87-23-90292-4
www.easyreader.dk

Easy Readers

EGMONT

Impreso en Dinamarca por
Sangill Grafisk Produktion, Holme-Olstrup

BOLTON COLLEGE LIBRARY

Acc. No.	026749
Class No.	468 BUN
Sup.	Eurspan
Date	1.11.07
Site	HORWICH

MIGUEL BUÑUEL
(n. 1924)

nació en Castellote (Teruel). Cultiva con preferencia la novela, pero también ha escrito guiones cinematográficos y obras para el teatro.

Ha obtenido, entre otros, el Premio Selecciones de Lengua Española por su novela *Un mundo para todos* (1962), el Premio Lazarillo que se concede a las obras de literatura para niños y el Premio Sésamo de cuentos, en 1957, por su libro *Los hambrientos*.

Las tres de la madrugada (1967) es una novela corta. En ella el autor presenta una riquísima estampa de la vida española. La novela es rica en humanidad y en visión social. Miguel Buñuel parece decir muchas cosas, pero es el lector quien tiene que formular lo que hay en la novela de visión de la vida y de consideración crítica sobre el comportamiento de los seres humanos vistos en su grandeza y en su miseria. Detrás de todo hay como una gran esperanza en lo que de mejor tiene el hombre.

La novela transcurre en el tiempo que tarda un tren en recorrer la distancia entre Santander, de donde parte a las diez de la noche, y Madrid, a donde llega por la mañana temprano.

El lugar de la acción es un tren con sus vagones de primera, segunda y tercera clase. Sutilmente Buñuel acierta a definir el comportamiento de las gentes que viajan en cada una de estas tres clases al enfrentarlas con el único suceso importante: el nacimiento de un niño en un compartimento de un vagón de tercera clase. Este comportamiento va desde una gran indiferencia (viajeros de primera clase, con excepciones) hasta una solidaridad total (viajeros de tercera clase) pasando por la actitud no del todo indiferente de los de segunda. Como el viaje tiene lugar en el mes de diciembre, el nacimiento del niño presenta un curioso simbolismo con el nacimiento de Jesucristo.

SALIDA

Noche. Frío. Se oye el *pitido* de una *locomotora*.
El mar se oye lejos y cerca. Es de noche.

El *tren* entra en la *estación*. La gente va y viene.
Unos suben al tren. Otros se quedan esperando.
Los *empleados* van y vienen con las *maletas*.

Una mujer mira a un hombre que está a una
ventanilla del *coche–cama*. Se acerca.

– Lola, ya creía ...

– Calla, por favor. No mires ...

La mujer lleva *gafas* negras.

Un hombre *besa* a una mujer y a una niña
y sube a un *vagón* de primera clase.

– Vete a ver a tía Asunción. No olvides
hacerlo.

También suben tres hombres, que visten
abrigos claros y llevan *corbata*. Uno tiene el *pelo*
blanco; otro es joven y muy *rubio;* el tercero
es negro.

---

pitido, toque del *silbato* del tren.

locomotora, *maleta*, *ventanilla*, *gafas*, *abrigo*, *corbata*, *pelo*, *silbato*, *vagón*,
ver ilustración en páginas 8 y 9.

tren, la locomotora y los coches (=vagones) forman el tren.

estación, lugar donde para el tren para que suba o baje de él la gente.

empleado, el que trabaja en la estación.

coche-cama, vagón para dormir.

besar, tocar con la boca a alguien por amor.

rubio, del color del oro.

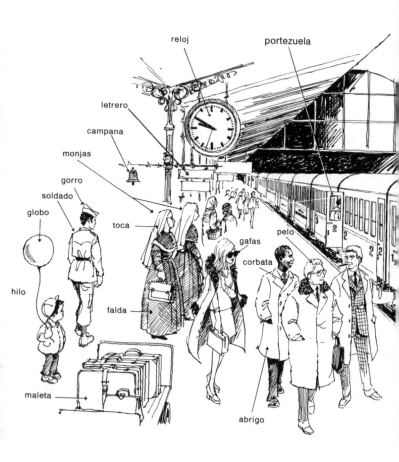

Cerca de los vagones de segunda clase, una mujer acompañada de un hombre, que lleva una maleta en cada mano, y de un niño que lleva un *globo*, va casi corriendo.

Dos *monjas* con blancas y grandes *tocas* recogen sus *faldas* negras y suben al tren teniendo mucho cuidado de que sólo se les vean los pies.

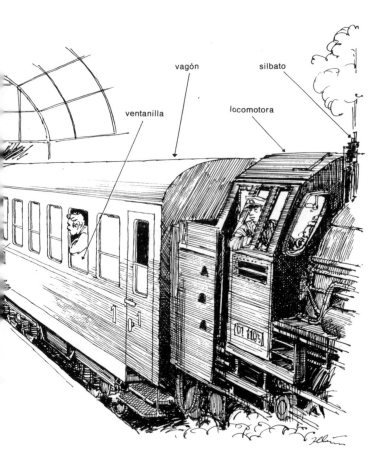

vagón silbato

ventanilla locomotora

Un hombre *enlutado* está junto a la puerta del vagón y parece que mira lejos.

Junto a los vagones de tercera clase, un hombre y una mujer cogidos de la mano, llevando ella un *ramito de azahar*, suben al tren.

enlutado, que viste de *luto* (= de negro) por la muerte de alguien.
ramito de azahar, flores blancas, que llevan las mujeres cuando se casan.

Él coge por la ventanilla las maletas que le entrega el mozo.

Unos *gitanos* suben a un vagón. Los niños quieren subir todos el primero y en un momento están todos en la puerta.

– Madre, quiero agua . . .

– Agua, agua . . . sube al tren.

Una mujer, ni joven ni vieja, con gafas, busca el vagón donde está su *reserva*.

Una mujer *embarazada abraza* y besa a otra más vieja. Aquélla apenas puede subir al vagón. La mujer más vieja le ayuda desde abajo y los de adentro la cogen de los brazos levantándola casi en el aire.

– ¿Y si viene por el camino, madre?

– Hija, aún no es el tiempo. Trata de dormir.

Y *soldados* que van y vienen corriendo, como si no supieran qué tren habrían de tomar.

Y al final del *andén* hay un *letrero* en el que se lee:

«Tren de Madrid. 22,00»

---

gitano, hombre de un pueblo que está por todo el mundo y que no tiene un país propio.

reserva, aquí, lugar por el que se ha pagado para tenerlo seguro.

embarazada, que va a tener un hijo.

abrazar, tocar con los brazos cuando se quiere a alguien.

soldado, *letrero*, ver ilustración en página 8.

andén, en las estaciones del tren, el lugar por donde anda la gente y por donde se sube o se baja del tren.

La estación parece estar llena de luz. Es como si la luz se la diera el *reloj*.

Letrero de la estación: «Santander»

Fuera de la estación mucho cielo en el que la luna blanca hace clara la noche.

El reloj de la estación da las diez de la noche. Un hombre con tres *maletines* entra corriendo en la estación. El tren empieza a andar. El hombre de los tres maletines corre detrás del último vagón. Tira los maletines dentro del vagón. Uno de dentro le ayuda. El tren corre cada vez más. El hombre casi cae al suelo.

– ¡Ay!

Sube. Alguien le ha cogido desde dentro del vagón.

– ¡*Uf*! ... Gracias ... Gracias ...

Ya en el vagón y a la ventanilla un hombre muy *pálido* y una mujer con los ojos llenos de *lágrimas* están diciendo aún *adiós* a los suyos. Se van de la ventanilla y él, con la mano, le quita a ella las lágrimas.

---

reloj, ver ilustración en página 8.

maletín, maleta pequeña.

¡*uf*!, palabra con la que se quiere decir que algo cansa.

pálido, que no tiene color, generalmente en la cara.

lágrima, lo que sale por los ojos cuando alguien llora.

adiós, a Dios..., lo que se dice cuando dos personas se van cada una a un lugar.

– *Cálmate*, mujer, cálmate ...

– ¿Pero no tienes corazón?

La mujer cierra los ojos y las lágrimas le corren por la cara.

– Perdóname, Germán ...

Y pone la cabeza en el *pecho* de él.

– Perdóname. Es que aún estaba viendo los ojos de tu hermana llenos de miedo. ¿Viste sus ojos, Germán?

Los ojos de Germán se llenan de lágrimas. La mujer le abraza y le dice con una voz muy baja:

– No te me mueras, Germán ... No te me mueras ... Dime que no te morirás ...

– Pues, claro, mujer. Uno no se muere así, sin más.

– Germán ... Germán ... Germán ...

El hombre abraza a la mujer y entran en el *departamento*.

En el departamento hay un hombre muy alto, cuatro hombres del campo y dos mujeres que miran a la mujer que acaba de entrar y que todavía llora.

---

cálmate, aquí, no llores.

pecho, parte del cuerpo donde está el corazón.

departamento, cada una de las partes de un vagón donde va sentada la gente.

cartas · palo · mono · paquete de cigarrillos · caramelo

El hombre que casi perdió el tren mira hacia el departamento con su reserva en la mano.

– Este vagón es . . .

– La letra F – dijo el hombre alto.

– ¡Uf! . . . Tengo que ir más lejos . . . Gracias.

Coge los maletines y se va por el *pasillo*.

De un departamento sale un viejo con un pequeño *bazar* y un *palo* en forma de T con unos cuantos *monos* de *juguete* que suben y bajan.

El viejo de los monos se mete en el departamento siguiente. Le da un *caramelo* a cada

---

pasillo, lugar por el que se pasa, aquí para entrar en los departamentos.

bazar, lugar donde hay cosas de todas clases.

juguete, cosa que se usa para *jugar* (hacer algo para pasar bien el tiempo).

viajero y sale. En el departamento la mujer de las gafas, ni joven ni vieja, cuatro soldados y un niño, dos mujeres y dos hombres que no son soldados. La mujer de las gafas, que es muy *miope*, le ha quitado el papel a su caramelo y se lo mete en la boca. Luego mira a los otros y *sonríe*.

Junto a la mujer miope está sentado un soldado y uno de los hombres que no son soldados. Es un hombre que tiene casi cincuenta años y el pelo casi blanco. La mujer miope y el soldado comen cada uno su caramelo.

– Cuatro *cartas* . . .

Es el viejo de los monos que ha vuelto, con su pequeño bazar. En las manos, además de las cartas, lleva caramelos y dos *paquetes de cigarrillos*, un mono que sube y baja.

El viejo dice:

– Cuatro cartas y un *regalo* a *escoger*. Juguetes para los niños . . .

Y enseña los regalos. Pero nadie compra cartas.

---

viajero, el que va de viaje.
miope, que ve muy poco.
sonreír, reír un poco, sin que se oiga.
carta, aquí, papel en el que hay un número que, si es el de la suerte, se cambia por alguna cosa. Ver ilustración en página 13.
paquete de cigarrillos, ver ilustración en página 13.
regalo, lo que se recibe sin pagar por ello.
escoger, coger una cosa de entre varias otras.

Al fin el soldado rubio ha sacado el dinero.

– ¿Cuántas para el soldado?

Dos soldados más buscan dinero. El soldado rubio compra una carta. El viejo se la da y dice:

– Una carta por aquí ... Una carta por allí ... una carta por allá ...

Y el mono que tiene en la mano con la que da las cartas parece que sube y baja de tan alegre que está.

Un joven mira el papelito de su reserva colocado en su *asiento*.

– Pero este es el vagón C.

El hombre que casi perdió el tren, junto a la portezuela, dice:

– ¡Uf! Ahora otra vez a buscar mi asiento ... Gracias.

Coge los maletines y sale. El joven se sienta. En el departamento de la mujer embarazada hay también una mujer con dos niños y una niña, todos vestidos de luto; una mujer de *mediana edad* y dos muchachas.

La mujer de mediana edad coge a la niña más pequeña y se la sienta en su *falda*.

---

asiento, lugar para sentarse.
mediana edad, ni muy viejo ni muy joven.
falda, ver ilustración en página 16.

– ¿Cómo te llamas?

La niña cierra la boca y baja la cabeza. Mira a la mujer embarazada. Esta le sonríe y le dice:

– Bonita, ¿cómo te llamas?

Parece que la niña va a llorar. Pero no, su *rostro* se llena con una gran sonrisa y *exclama:*

– ¡Tita!

La madre se le acerca y le pregunta:

– ¿Cuántos años tienes?

La niña levanta la manita y mueve dos *dedos*, dos años.

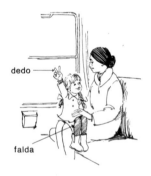

Por la ventanilla se ven las luces de un pueblo que está cerca.

El hombre de los maletines aparece a la entrada de un departamento. Hacia el lado

---

rostro, cara.

sonrisa, acción de reír un poco sin que se oiga (sonreír).

exclamar, decir algo con fuerza para mostrar lo que se siente.

izquierdo los *recién casados* cuyo ramito de azahar está junto a las maletas, sobre sus cabezas. Junto a ellos dos mujeres. Al lado derecho cinco hombres que por su manera de vestir y por las cosas que llevan–un pequeño *bombo* con *platillos*, un pequeño *trombón*, una *trompeta* – son *titiriteros*. A uno de ellos se le ve más que a los otros porque lleva un *gorro* con una *pluma*.

El titiritero del gorro les dice a los recién casados:

– Y ahora que estamos solos ... Ustedes son recién casados, ¿no? ... Y sonríe.

---

recién casados, que acaban de casarse.

titiritero, hombre cuyo trabajo es hacer cosas y movimientos para hacer reír a la gente.

gorro, ver ilustración en página 8.

Los recién casados no responden, se miran y sonríen.

El hombre de los maletines va por el pasillo.

– Por fin . . .

Cuando va a entrar en el departamento, un hombre que está a la puerta de él le sonríe. El hombre de los maletines entra y los coloca. Y de pronto se oyen *palmas flamencas;* es que ha entrado en el departamento de los gitanos. La familia gitana está compuesta por un viejo y su mujer, una gitana joven y muy bonita y cinco niños de dos a nueve años – dos niñas y tres niños. La niña más pequeña, de dos años.

La niña abre y baja los brazos con gracia y *pisa* con fuerza el falda de la vieja. Esta ríe y también toca palmas.

El hombre de los maletines se ha quitado el abrigo y se ha sentado, cansado. Mira a la niña, baja la cabeza muchas veces y exclama:

– ¡*Olé*, olé, olé . . . !

Y *aspira* por la nariz al mismo tiempo que mueve la cabeza a un lado y a otro.

– ¡Uf! . . .

---

palmas, ruidos que se hacen al dar con una mano en la otra teniéndolas abiertas.

flamenca, aquí, propio de los gitanos.

pisar, poner el pie sobre algo.

olé, palabra que se dice cuando algo gusta y se quiere que no acabe.

aspirar, tomar aire por la nariz.

Y se levanta, coge el abrigo y sale al pasillo. Cierra la portezuela cuando sale.

– Tampoco usted puede estar ahí dentro ... – le dice el hombre que había sonreído al verle entrar.

– ¡Uf! ... No hay quien pueda estar ahí y menos yo que soy *viajante* de perfumes ...

Y saca de su chaqueta un *pulverizador* y echa perfume al aire.

PREGUNTAS

1. Hable de la situación de la estación un poco antes de la salida del tren.

2. ¿A qué hora sale el tren? ¿De qué estación sale?

3. ¿Quiénes son las personas que suben al tren?

4. ¿Quiénes suben en primera clase? ¿Quiénes en segunda? ¿Quiénes en tercera?

5. ¿Por qué llora la mujer de Germán?

6. ¿Qué hace el viejo del bazar?

7. Hable de cuál puede ser la situación del departamento con gitanos y titiriteros.

viajante, hombre que viaja para vender algo.
pulverizador, ver ilustración en página 20.

pulverizador

cesta

gallina

PRIMERA *PARADA*

El tren corre menos cada vez. Se acerca a la estación. En el andén hay gente esperando.

El tren se detiene. La noche es fría.

Los hombres del campo con *cestas* y *gallinas* en las manos van a subir al tren.

Una mujer de mediana edad y dos muchachas

---

parada, momento en que el tren deja de andar.

nada bonitas, las dos con abrigos claros se detienen ante una portezuela del vagón de segunda clase. Suben y cogen las maletas que les llevaba un hombre.

Suena la *campana* de la estación. Se oye el pitido de la locomotora. El tren empieza a andar.

Departamento de segunda clase. En él están la mujer, su marido y su niño, el niño del globo. Un hombre de mediana edad juega con el niño que lleva siempre el globo en la mano y que se mueve en el asiento que está frente al del señor de mediana edad. Hay también en el departamento un señor muy *serio* sentado junto a la portezuela. El niño ríe y está muy alegre. Entran en el departamento la mujer de mediana edad y las dos muchachas *feíllas*. Las muchachas colocan las maletas. Luego se quitan los abrigos y se sientan.

El hombre de mediana edad sigue jugando con el niño.

– ¿Cómo reiría un *toro*?

– ¡Jo jo jo . . . !

– ¿Y un *perro*?

---

campana, ver ilustración en página 8.
serio, que no se ríe.
feíllas, feas, que no son bonitas.
toro, *perro*, ver ilustración en página 22.

– ¡Ju ju ju . . . !
– ¿Y un *caballo?*
– ¡Ji ji ji . . . !

toro

perro

cabaiio

– ¡Ja ja ja . . . ! Toma, te lo has ganado.

Y le da un caramelo. El niño deja el globo y éste sube y se queda en el *techo*, junto a la luz. El niño le quita el papel al caramelo. La madre le dice:

– ¿A quién quieres más, a mamá o a papá?

El niño se mete el caramelo en la boca y contesta:

– A este señor.

Y le abraza. Las muchachas ríen:

– ¡Ji ji ji . . . !

En otro departamento están las monjas que cuando subieron al tren se cogieron las faldas. Están en él también un hombre *calvo* y un soldado.

---

techo, la parte más alta del departamento.
calvo, que no tiene pelo.

El hombre calvo y el soldado hablan de los años de la *guerra*.

– Sí, en ese tiempo yo estaba en el *hospital* – dice el hombre calvo. Mira a las monjas.

La monja joven sonríe.

– Usted es ..., mejor dicho, era la señorita Beatriz. Quién iba a conocerla ... Han pasado tantos años ... Bueno, no han pasado, son esas tocas las que me hacían caer en la duda.

La monja ha sonreído.

– Para mí – siguió diciendo el hombre calvo –, sí que han pasado los años...

– Los años no pasan, si se tiene a Dios, *doctor* – dijo la monja Beatriz.

En otro departamento un hombre que habla mucho y que parece que lo sabe todo, un *matrimonio* que está en el departamento como si estuviese en su propia casa, dos mujeres feas, una de ellas muy alegre. El enlutado entra en el departamento. Se sienta.

– ¿Hace frío en el pasillo? – le pregunta el que habla mucho.

– No.

---

guerra, aquí, la que hubo en España desde 1936 hasta 1939 (Guerra Civil Española).

hospital, lugar donde se lleva a las personas que no están buenas.

doctor, médico, persona cuyo trabajo es poner buenos a quienes no lo están.

matrimonio, hombre y mujer que están casados.

– Usted sólo sabe decir sí o no – le dijo la mujer alegre – Bueno, si su *desgracia* es de hace poco tiempo...

– ¿Lo dice por el luto? – y el enlutado sonríe. Pues hace muchos años que lo llevo.

– No es necesario que lo diga – dijo el hombre que parece que lo sabe todo –, usted es *viudo*. Yo conocí a un viudo, y puedo hablar porque era muy amigo mío, que llevó luto por su mujer durante veinte años.....

– ¡*Qué horror*! – exclamó la mujer alegre.

– Sí, no parece verdad, casi no se puede creer – siguió el hombre que lo sabía todo –. Su mujer murió a los tres días de haberse casado. Dicen que murió de amor, pero los médicos no pudieron explicar su muerte. Mi amigo quiso *suicidarse*. Llevó, pues, luto por su mujer durante veinte años, hasta que un día...

El enlutado saca el *periódico* y se pone a leer. El periódico no deja que se le vea la cara.

– Un día conoció a una muchacha, en un tren como éste, y se casó con ella.

---

desgracia, hecho triste.

viudo, viuda, aquél o aquélla a quien se le ha muerto la mujer o el marido.

¡*qué horror*! palabras que se dicen cuando algo da miedo.

suicidarse, matarse a sí mismo.

periódico, papel en el que se leen las noticias.

La mujer alegre mira al enlutado y ríe muy alto. Deja de reír y dice:

– Menos mal... ¡Ja ja ja!

El marido ha cogido un paquete que estaba junto a las maletas. El hombre de luto sigue leyendo. La mujer alegre sigue riendo.

El marido ha sacado el paquete de la *cena.*

pan

patata

huevo

Saca del paquete una gran *tortilla* de *patata* sobre un *pan* y ofrece tortilla a los demás.

Casi todas las mesas del coche-restaurante están ocupadas. En una mesa puede verse al hombre que besó a su mujer y a su niña, con los tres hombres de abrigos claros. Hablan, se ríen y los cuatro levantan sus *copas.*

– Por España, y por usted – dice el del pelo casi blanco.

– Por los *Estados Unidos de América* y por el

cena, comida que, en España, se hace por la noche.
tortilla, comida española (de España) que se hace con patatas y huevos.
Estados Unidos de América, U.S.A.
copa, ver ilustración en página 27.

25

próximo viaje de ustedes a la luna – dice el señor.
Beben.

Una mujer joven, alta, de cara pálida, ojos muy grandes, pelo largo, negro, y que también viste de negro acaba de llegar a la puerta del coche-restaurante. Mira a un lado y a otro y sigue andando.

En otra mesa están sentados dos hombres jóvenes. Uno de ellos se levanta y va hacia la mujer.

– Por fin, ha venido . . . . Siéntese con nosotros. . . Ya ve, todo está ocupado.

– Quisiera estar sola. . . Perdóneme. Allí hay una mesa que no está ocupada.

Y va hacia la mesa. El hombre joven vuelve a sentarse sin dejar de mirar a la mujer que viste de negro.

El otro le pregunta:

– ¿No te habrás *enamorado*, hermano?

– Peor. . . Es una mujer de la que uno no necesita enamorarse para quererla.

– Está *loca*.

– Piensa en algo. Yo quisiera ser ese algo.

– La mujer que viste de negro tiene un

---

beber, hacer pasar agua u otra cosa parecida desde la boca al interior del cuerpo.

enamorarse de alguien, amarle.

loco, que ha perdido la razón.

cigarrillo

copa

plato

botella

cigarrillo en la mano. *Fuma*. El *camarero* le pregunta:

– ¿Qué desea, señorita?

Ella no le oye y el camarero pregunta en voz más alta:

– ¿Qué desea, señorita? ¿Algo para beber?

Ella contesta:

– Champán.

El camarero trae la *botella* y pregunta:

– ¿Desea algo más?

– Dos *cubiertos* y un solo *plato*.

El camarero cierra los ojos y mueve la cabeza. Pregunta:

---

fumar, aspirar el humo del cigarrillo.
cubierto, todo lo que se necesita para comer una comida.
camarero, hombre que sirve la mesa.

– ¿Dos cubiertos y un solo plato?

– Sí, no tenemos mucha gana de comer.

– Comprendo, para dos, pero un solo plato.

El camarero baja la cabeza y se va. Vuelve.

El camarero abre la botella de champán. El camarero va a llenar la copa de ella. Todo está ya servido. Pero ella le dice que sirva primero la otra copa. La llena. Llena la de ella y sale. La mujer coge su copa y toca con ella la otra.

– Por nuestro amor, amor mío – dice en voz muy baja y se lleva la copa a la boca. Los ojos se le han llenado de lágrimas.

Un departamento del coche-cama. Una botella de champán que alguien abre. Alguien sirve dos copas. La mujer de las gafas negras que miró al hombre que estaba en la ventanilla dice:

– ¿Pero tú crees que alguien me habrá conocido?

El *amante* le ofrece la copa. Sobre su cuerpo tan sólo el *pantalón del pijama*.

– Pero si ya te he dicho que ni yo mismo te conocía. Ni Greta Garbo va así.

---

amante, el que ama a otra persona, aquí, que no es el marido.

Ella sonríe. Se quita las gafas. Al quedar su abrigo medio abierto deja ver parte de su cuerpo *desnudo*. Coge la copa y bebe. Luego la tira contra el suelo.

– ¿Y ahora dónde beberás?

– Solamente en tu boca.

Y la mujer abre su abrigo y se acerca al amante. Se abrazan.

pantalón del pijama

Germán se ha dormido aunque tiene los ojos medio abiertos. La boca también medio abierta. En su cara se ve el dolor.

– ¡No! – *grita* su mujer abrazándole.

En el departamento casi nadie puede dormir. Uno pregunta:

– ¿Qué pasa?

Una de las mujeres se ha levantado y ha dado la luz.

---

desnudo, sin nada sobre el cuerpo.

gritar, decir algo en voz muy alta.

– Ah, Germán . . . te llevaban, mi Germán . . .
y la mujer pone la cabeza en el pecho de su
marido y llora *mansamente*.

– Cálmate, mujer, cálmate. . .

La abraza y les dice a los otros:

– Los médicos me han dicho que no viviré
más de un mes. . . Pero si sigue así va a ser mi
mujer la que se muera primero. No es la primera
vez que los médicos se *equivocan*, ¿no creen
ustedes?

– ¡Claro que se equivocan a veces! – dijo un
hombre.

– A mí – habló otro – me dijeron que viviría
una *semana* y aquí estoy más fuerte que un *árbol*.

árbol

La mujer de Germán se va calmando y hasta
sonríe. Los demás sonríen también. Hablan de
muchas cosas y ríen todos. También Germán
y su mujer. De pronto, todos dejan de reír y es
que Germán se ha puesto pálido como un muerto,

---

mansamente, sin que se la oiga.

equivocarse, decir una cosa por otra por no conocer la verdad.

semana, siete días seguidos.

se ha *desmayado*. Todos le ayudan. Le *tienden* a lo largo del asiento. Germán abre los ojos. Los cierra. Los vuelve a abrir y dice en voz muy baja:

– Los niños se pondrán muy *contentos* con los juguetes. Y sonríe.

Junto a las maletas, sobre su cabeza, a la altura de sus ojos hay dos juguetes: un caballito de *cartón* y una *muñeca*.

muñeca

Por la ventanilla se ve el campo y la luna que llena el campo de luz.

En el departamento del niño del globo casi todos duermen. En el pasillo está la *pareja armada* de la Guardia Civil.

Son casi las tres de la madrugada. La mujer que viste de negro pregunta:

– Por favor, ¿qué hora es?

– Dentro de un momento van a ser las tres – contesta el enamorado.

---

desmayarse, quedarse como muerto.
tender, poner a alguien en un lugar como si fuera en una cama.
contento, alegre.
cartón, papel fuerte y duro.
pareja, dos. En los trenes van siempre dos guardias civiles.
armados, que llevan un arma, el *fusil*. Ver ilustración en página 46.

La mujer se levanta y coge un maletín pequeño que está junto a su maleta, se sienta, pone el maletín sobre su falda, lo abre. Es un *tocadiscos*.

tocadiscos

– Ustedes me perdonarán, pero necesito escuchar este *vals*. Desde hace diez años lo escucho siempre a esta hora, porque es la música y la hora en que lo encontré... este vals que escuché en aquella madrugada junto al único hombre que amé es ahora toda mi vida... También lo escuchará él desde la otra *orilla*.

Sus manos hacen que se mueva el tocadiscos y se oye el vals «Las tres de la madrugada». La amante cierra los ojos y escucha. El joven que se ha enamorado de ella, más enamorado si fuera posible, deja ver en su cara la *emoción* que le han hecho sentir las palabras de la mujer.

---

vals, una forma de baile.
orilla, aquí figurado, el otro lado de la vida, la muerte.
emoción, sentimiento que se tiene cuando algo causa impresión.

PREGUNTAS

1. ¿Quiénes suben ahora al tren?

2. ¿De qué hablan el señor y el niño?

3. ¿Y la monja y el doctor? ¿Qué dice el enlutado?

4. ¿Qué sucede en el coche restaurante?

5. ¿Qué le pasa a la mujer que viste de negro?

6. ¿Cuál es la situación de la mujer de las gafas? ¿Por qué grita la mujer de Germán?

7. ¿Cuáles son los hechos más importantes o las situaciones que más le han interesado desde la primera parada hasta la segunda?

SEGUNDA PARADA

En el rostro de la mujer embarazada puede verse el miedo que siente. El miedo de la mujer que va a *dar a luz*.

– ¡Pronto, un médico! – gritó la mujer buena. Esta y la viuda ponen a la mujer embarazada a lo largo del asiento. El joven ha salido del departamento para buscar un médico. Las muchachas cogen a los niños medio dormidos y los sacan al pasillo.

El joven se aleja corriendo y entra en otro vagón.

Abre la portezuela del primer departamento.

– ¡¿Un médico?!

Nadie contesta. El joven cierra la portezuela y se dirige a otro departamento. Abre la portezuela.

– ¡¿Un médico?!

Nadie contesta. El joven sale sin cerrar la portezuela. Abre otra.

– ¡¿Un médico?!

– Yo soy... ¿qué *ocurre*?

– Un *parto*.

---

dar a luz, momento en que una mujer va a tener un hijo.
ocurrir, pasar, suceder.
parto, momento de nacer el niño.

El médico y el joven salen. El pasillo se ha llenado de gente.

– Por favor, por favor... – exclama el joven. Dejen pasar... es cosa de vida... o muerte.

– Pero yo no soy *tocólogo*, además, no tengo *instrumental*... Sigue buscando, en segunda clase, o en primera...

– Es el segundo vagón... departamento cinco – dijo el joven.

El joven va por el pasillo hacia los vagones de segunda clase. El médico va diciendo:

– Por favor, paso al médico.

El médico llega al departamento. Entra.

El joven sale de un departamento. Salen también, detrás de él, el médico calvo, llevando un maletín, y la monja Beatriz.

La locomotora corre. El tren pasa por los campos.

La gente mira *a través de* la ventana a los que ayudan a la mujer que va a dar a luz: los dos médicos, las dos mujeres y la monja.

El médico primero baja las *persianas* del departamento.

---

tocólogo, médico cuyo saber principal es lo que tiene que ver con los partos.
instrumental, conjunto de *instrumentos*, lo que sirve para hacer algo, aquí, para asistir al parto.
a tráves de, por.
persiana, ver ilustración en página 36.

persiana

El pasillo está lleno de gente.

Se oye llorar al recién nacido. Hombres y mujeres sonríen. La mujer buena, sonriente, abre la *portezuela* y dice:

– Un niño.

Y vuelve a cerrar la portezuela.

– Un niño... Un niño... Un niño... exclaman hombres y mujeres.

Un muchacho entra corriendo en el pasillo. Viene de otro vagón. Se para delante de un hombre que acaba de salir de un departamento.

– Tío... tío... Ha nacido... un niño – dice.

Al otro lado del pasillo, lleno de gente, hablan.

– ¿Qué ha dicho? – pregunta una mujer vieja.

– Que se ha muerto un niño – contesta otra.

– Voy a decirlo a la gente...

La noticia corre por todo el tren desde la locomotora hasta el último vagón.

---

portezuela, ver ilustración en página 8.

– Ha estallado algo.

– Han muerto varios niños...

– ¡Qué horror!

– Un niño...

– ¿Qué ha pasado?

– Que ha nacido un niño.

La noticia ha vuelto a ser la verdadera.

El *maquinista* pregunta al *fogonero*:

– ¿Qué era?

– Que ha nacido un niño en el tren.

– ¿Un niño? ¡Mi mujer!... No,... aún faltan dos meses.

– Nueve, menos dos, siete. Puede nacer a los siete meses – dice el fogonero.

El maquinista está muy *nervioso*. El tren corre mucho más.

En el departamento de la mujer que ha dado a luz pregunta la viuda:

– ¿Y ahora cómo *lavamos* al niño?

– Ya veremos – contestó el médico calvo.

El otro médico habló:

– Convendría llevar a la madre y al niño a un departamento con cama.

– Vea si puede – contestó el médico calvo.

---

maquinista, el que lleva y dirige la máquina del tren, la locomotora.

fogonero, el que ayuda al maquinista.

nervioso, sin calma, intranquilo, no tranquilo.

lavar, meter en agua para limpiar.

Y el médico primero sale del departamento.

La mujer buena ha hecho en su falda una *cuna* para el recién nacido.

La viuda y la monja Beatriz *atienden* a la madre, cuyo parto no ha podido ser más fácil.

El médico sube las persianas del departamento. En el pasillo la pareja armada de la Guardia Civil no deja a la gente que entre en el departamento de la mujer que ha dado a luz.

– En la próxima estación – dijo el maquinista muy nervioso –, aunque no sea parada, paramos.

El médico ha buscado al *ordenanza* del coche-cama y éste con su *almohada* debajo del brazo y la cara llena de sueño le dice:

cuna

almohada

– Pero todas las camas están ocupadas. Además, están durmiendo y no se les puede molestar... Pero... ahí sale uno.

Ese uno es el amante de la mujer de las gafas. Mira por la ventanilla aunque es de noche.

El médico y el ordenanza van hacia él.

---

atender, ayudar a alguien que lo necesita.

ordenanza, empleado que cuida el coche-cama.

farol   banderin

¿Dónde estoy?

que bajando gente del tren. El andén está
a lleno de gente.

recién nacido, en un *balde* de agua *tibia*,

el vagón de primera no hay casi ninguna
illa abierta. Sólo tres. Una de ellas es la
ombres de los abrigos claros y las corbatas.
muy alegres, miran por la ventanilla:
niño ha nacido en el tren... ¡Ja ja
ríe el negro.

---

uy fría, ni muy *caliente*, lo contrario de frío.

El ordenanza le pregunta:

– ¿Podrían ustedes sentarse en unos asientos
de primera clase?

– Es que ha nacido un niño – explica el médico
– y convendría que la madre y el niño tuvieran
una cama.

– Por mí, con mucho gusto. Pero... espere
un momento.

Y entra en el departamento dejando medio
abierta la portezuela.

– Todavía hay gente buena en el mundo –
dijo el médico.

La portezuela se cierra con fuerza. La ha
cerrado la mujer de las gafas. Se vuelve hacia
el amante:

– ¿Es que quieres que nos vean?

– Bueno, mujer... Pero es un parto... La
madre es una mujer *débil* y un recién nacido es
también una cosa muy débil.

– Pero ¿*te has vuelto loco*?

El amante dirige sus pasos hacia la portezuela:
Antes de abrir le dice a la mujer:

– ¿Sabes lo que eres? ¿Sabes lo que somos?
No... no lo entenderías...

Abre un poco la puerta y dice:

---

débil, que no tiene mucha fuerza.
volverse loco, perder la razón.

– Lo siento mucho, pero mi mujer no está bien.

Y cierra la portezuela.

El ordenanza le da al médico la almohada.

– Sólo puedo hacer esto – le dice.

El tren se detiene de tal manera que el médico y el ordenanza han *estado a punto de* caerse.

La locomotora acaba de pararse. El maquinista está muy nervioso.

El andén está *desierto*. El maquinista baja de la máquina. Corre. Grita:

– ¡María! ¡María! ¡María!

Algunas ventanillas se abren y la gente mira por ellas. En una de las ventanillas una mujer grita:

– ¡Silvestre!

El maquinista se vuelve y corre hacia esa ventanilla. Llega. Pregunta:

– ¿Cómo estás?

– ¿Cómo he de estar?

– ¿Y el niño?

– ¿Qué niño?

La gente se mueve. Va de un lado a otro. Muchos se bajan del tren. Todos están muy

---

estar a punto de caerse, que casi se caen.
desierto, aquí, sin gente.

contentos. El *revisor* corre hacia la máq Encuentra al maquinista en el momento éste se desmaya.

– ¡Silvestre! – grita María.

Y María se quita de la ventanill

La pareja armada de la Guardia abre paso entre la gente. Detrás de buena, que va llevando al recién nac médico calvo y la monja Beatriz.

Entran en la casa del *jefe* de est

Hace frío. En todas las ventanil que habla:

– Ha nacido un niño.

– ¡Qué bien!

El jefe de estación, con su *fa* pregunta:

– ¿Pero qué sucede?

– El maquinista, que ha contesta el fogonero.

– ¿Y dónde se ha metido

– Ella viaja en segunda

El jefe de estación se quinista. Este está junto que lo atienden. El ma pregunta:

---

revisor, hombre cuyo trabajo e tren.
jefe, el hombre principal.
farol, banderín, ver ilustració

Si
ahora
El
llora.
En
ventan
de los h
Éstos,
– Un
ja...! –

tibia, ni m

Mientras el tren está parado, la gente que se ha bajado de él va a la *cantina* para comer algo.

balde

La mujer alegre y el matrimonio de la tortilla de patatas miran también por la ventanilla. El enlutado, fumando, sin moverse, sigue sentado. La mujer alegre le dice:

– ¿Pero es que usted no tiene nada en el cuerpo? Mire – y señala hacia el andén – la gente que se mueve, la vida.

El enlutado sigue fumando y dice:

– Es natural... La muerte sin embargo...

– Debe ser como usted... ¡Qué horror! – dijo la mujer alegre.

El enlutado se ríe:

– ¡Ja ja ja...!

Sentados a una mesa, en la cantina, el maquinista, el jefe de estación, el revisor y uno de los guardias civiles hablan.

– Más *retraso* sobre el retraso. Hay que salir lo más pronto posible... – dice el jefe de estación.

El maquinista acaba de beber su tercera

---

cantina, en la estación, lugar donde se puede comer.
retraso, llegar más tarde de la hora en que debe llegarse.

copa de *coñac*. El revisor le pone la mano en el brazo y le pregunta:

– ¿Está mejor?

– ¿Y el niño? – pregunta el maquinista.

Ya estará en su departamento – contesta el guardia civil. Acaban de beber sus copas y salen.

La mujer buena entra en el departamento con el niño recién nacido *envuelto* en *pañales* blancos. En el pasillo están los guardias civiles y el joven que fue a buscar al médico. En el reloj de la estación son casi las cuatro de la madrugada. El maquinista toca el silbato. La gente corre hacia el tren. Sube. El jefe de estación levanta el farol de la salida y el banderín.

pañales

Suena un pitido largo. El tren empieza a andar.

Germán dice:

– Hay que hacer un regalo al recién nacido. ¿Qué les parece?

– Nos parece muy bien – dijo un hombre.

---

coñac, una bebida.

envolver, aquí vestir, vestido con los pañales.

Germán se levanta para coger uno de los juguetes.

– Y es niño. . . pues, el caballo.

Coge el caballito de cartón. Todos sienten una gran emoción. La mujer de Germán con los ojos llenos de lágrimas le dice:

– No, tú no vayas. . . Ya iré yo.

– Iremos los dos. . .

Salen.

El viajante va por el pasillo abriéndose paso con el pulverizador. La gente tiene que meterse en los departamentos. Detrás del viajante, viajeros con regalos. El vagón está lleno de una música de *villancico*.

Pasa el viajante. Pasa la mujer miope con el mono. Pasa el soldado con una bolsita de caramelos. Pasa un hombre del campo con una gallina. Pasan, pasan con regalos.

El titiritero del gorro con la pluma se abre paso tocando la trompeta. Anda *a saltitos* como los niños. Y la pluma se mueve. El vagón está lleno de la *canción de cuna* que toca el titiritero. Pasa el titiritero. Pasa la pareja de recién casados llevando el ramito de azahar.

---

villancico, cantar que se canta en tiempo de *Navidad*, tiempo en que se celebra el nacimiento del Niño Jesús (J.C.) (24-XII).

a saltitos, con pasos muy pequeños, cortos.

canción de cuna, cantar que se canta a un niño para que se duerma.

fusil →

pañuelo

capacho-cuna

Pasa una mujer del campo con una cestita. Es una noche llena de estrellas. El tren corre con casi todas las ventanillas iluminadas, iluminado a su vez por la luna. La música que sale de la trompeta del titiritero suena *a gloria*.

Unas manos colocan la almohada del ordenanza en un *capacho-cuna*. Después colocan un gran *pañuelo* blanco. Y sobre él es colocado el recién nacido. Empieza a oírse en el departamento la trompeta del titiritero.

---

a gloria, muy bien; la *gloria*, el cielo.

Pasa un niño con un mono de juguete.

– Por favor, dejen paso libre.

– ¡Métanse en los departamentos! – gritan los guardias civiles. La gente se mete en los departamentos, pero todos miran a través de las portezuelas. El pasillo está ocupado sólo por el joven. Suena más fuerte la trompeta. *Avanza* el viajante echando perfume al aire y los que le siguen llevando los regalos. Avanza desde el otro lado el titiritero y los que le siguen llevando los regalos. El viajante y el titiritero llegan a la puerta del departamento del recién nacido. El viajante entra sin dejar de echar perfume y el titiritero se queda junto a la portezuela tocando la trompeta. La madre, junto al capacho-cuna, está muy *conmovida*. Los niños con los ojos muy abiertos, miran. Las dos muchachas, la viuda y la mujer buena sonríen.

El viajante entra, deja el pulverizador junto a la cuna del niño, hace una *reverencia* y sale.

Entra el titiritero tocando la trompeta. Se quita la pluma del gorro y la coloca en la *cabecera* del capacho-cuna. Hace una reverencia, toca un poco más alto la trompeta y sale.

---

avanzar, andar hacia adelante.
conmovida, que siente mucha emoción.
reverencia, aquí, bajar la cabeza.
cabecera, la parte donde se pone la cabeza, parte principal.

Entra la mujer de las gafas y deja un mono a los pies del niño. Sale llorando.

Entra la pareja de recién casados. Dejan el ramo de azahar de sus bodas y salen emocionados.

Entra el hombre del campo con una gallina. La deja en el suelo y sale.

Los ojos de la madre lloran mansamente.

Por el pasillo avanza el niño con su globo, la madre y el señor que jugaba con el niño. Detrás de ellos viene más gente con regalos.

– ¿Y se llamará Jesús?

– Pues, claro.

Pasan una mujer con un capacho y otra con un muñeco.

– Pero ya tendrá cuna, mujer.

– Tenga o no tenga cuna, mi regalo es el capacho.

La gitana joven entra en el otro vagón con el cesto en la mano. Entra una mujer con un juguete: un *camión* pequeñito.

Entra un gitanillo con una gallina.

Los viajeros del departamento del vendedor están sentados y ven por los cristales a la gente que pasa con sus regalos. Pasa una muchacha con un mono en la mano.

– Va a tener monos para toda la vida – dijo uno.

El viejo se levanta y coge el palo en forma de T en el que llevaba los monos.

– Este es mi regalo. Así podrá colocar los monos donde estaban.

Y sale con el palo en forma de T en alto.

– ¡Qué miedo! – exclamó una mujer.

– ¿Por qué? – preguntó un hombre.

– ¿Has visto ese palo? Parece una *cruz*.

El tren corre por los campos *castellanos inmensos*.

En el departamento del recién nacido la viuda y sus hijos le dicen adiós a la madre. Esta besa a la niña. Besa en la frente a los dos niños. La viuda se quita un *broche* que llevaba en el pecho y lo pone sobre el recién nacido.

camión

cruz

broche

---

castellano, de Castilla, ver mapa en página 6.
inmenso, muy grande.

PREGUNTAS

1. Hable de la situación del parto en el tren.

2. ¿Qué le sucede al maquinista? ¿Por qué está nervioso?

3. ¿Por qué en el vagón de primera no hay casi nadie en la ventanilla?

4. ¿Cómo reacciona (=obra, habla) cada uno de los personajes ante el suceso del nacimiento?

5. Hable de la situación de los regalos y de como ve usted esta situación.

6. ¿Qué regalos le dan al niño?

TERCERA PARADA

En el andén algunas personas que esperan. El tren entra en la estación. Se para.

– ¿Qué estación es ésta? – pregunta la mujer de las gafas.

Un soldado mira por la ventanilla. Dice:

– *Valladolid*.

Un niño le quita el gorro a su hermano, el soldado rubio, y dice:

– Tengo una *idea*.

– Tirar el gorro por la ventanilla – dice el soldado.

– No. Ir a pedir el *aguinaldo* para el niño.

– Es una buena idea. Pero tienes que ir con otros niños – dice la mujer de las gafas.

El niño les quita el gorro a los otros soldados. El tren empieza a andar.

El enlutado sigue fumando. La mujer alegre le pregunta:

– Pero, entonces ¿usted qué es? Ni es viudo, ni tiene muertos, ni tiene vivos. No ha regalado nada al niño. Usted no tiene ni *sentimientos*.

– Yo soy lo contrario de un nacimiento. Al-

Valladolid, ver mapa en página 6.
idea, algo que se piensa.
aguinaldo, regalo que suele darse en Navidad.
sentimiento, lo que se siente (de sentir).

gún día me necesitarán. No tengan duda de ello.

– Es usted un *grosero* – dijo la mujer alegre.

– No lo soy. Y el enlutado sonríe y dice:

– *Funeraria* Batlé Hermanos, para servirles.

El recién nacido, en la cuna, empieza a llorar. La madre lo coge y el niño deja de llorar. El globo sube y se queda en el techo, junto a la luz. El joven y las muchachas ponen orden en los regalos.

Se va haciendo de día. Cuatro niños, entre ellos el hermano del soldado rubio, llegan al pasillo de primera clase. Entran de dos en dos en los departamentos.

El hermano del soldado rubio pone el gorro delante del señor que besó a su niña y del hombre negro y sus amigos.

– Un aguinaldo para el recién nacido.

Como el señor no echa nada, el niño pone el gorro delante del negro y de sus amigos.

– Un aguinaldo para el recién nacido.

El del pelo blanco ha sacado de su *cartera* un *billete* de cien *dólares*. Lo va a poner en el gorro. Pero no lo hace. Exclama:

– No. Iré yo.

El niño le mira.

---

grosero, que tiene mala educación, que dice algo que no debe decirse.
funeraria, casa que hace todo lo necesario cuando alguien muere.

El joven saca una *pluma estilográfica* y el negro un *reloj de bolsillo*.

– Cuando terminéis, venid y acompañaréis a estos señores – le dice el señor al niño. Y echa en el gorro dinero.

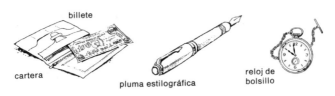

billete
cartera
pluma estilográfica
reloj de bolsillo

Una pareja de niños entra en el departamento de la mujer que viste de negro. Esta duerme. El enamorado la mira.

Todos echan dinero en el gorro del niño. El niño avanza hacia el amante. Este saca de la cartera un billete pequeño. El niño va a despertar a la mujer. Pero el enamorado le detiene. Saca de su cartera un billete grande y lo echa en el gorro del niño.

La madre del recién nacido y la mujer buena se besan. Esta dice:

– Si no fuera porque voy a *reunirme* con mi hijo *enfermo*, iría con usted hasta Madrid.

– Tiene usted un hijo enfermo... Y yo sin saberlo.

---

reunirse, ir junto a una persona que está en otro lugar.
enfermo, que no está bueno.

– No sé – dice sonriendo la mujer buena, pero me parece que aún puede necesitarme.

– Váyase, ha hecho mucho por mí, por mi hijo... Lo que importa es que lo de su hijo no sea nada.

En el pasillo del departamento de los titiriteros hacen entrada los cuatro niños cantando una canción *infantil*. Les siguen los hombres de los abrigos claros. Primero, el del pelo casi blanco; después el joven; le sigue a éste el negro:

– ¡*Melchor, Gaspar y Baltasar*! *Los tres Reyes Magos* – exclama el titiritero del gorro. Tira por la ventanilla el cigarrillo que estaba fumando y se mete en el departamento.

El titiritero del gorro – que ya no tiene la pluma porque se la regaló al niño – sale con la trompeta. Salen dos titiriteros más, uno con el pequeño bombo con platillos y el otro con un pequeño trombón. La gente echa dinero en los gorros de los niños. El tren se para. La mujer buena baja en esa estación. Bajan algunas personas más.

– ¿Qué estación es? – pregunta el viajante.

– *Segovia* – contesta uno.

---

infantil, propio de los niños.
Melchor, Gaspar y *Baltasar* nombres de los *Reyes Magos*, reyes sabios, que fueron a Belén a ver al Niño Dios.
Segovia, ver mapa en página 6.

– ¡Uf... tengo que bajarme aquí!

– Tú sal – le dice al viajante un amigo – te tiraré los maletines por la ventanilla. El viajante coge el abrigo y sale corriendo.

– ¡Buen viaje! – dice y baja corriendo del tren.

En el pasillo del recién nacido entra el sol del *amanecer*. Los titiriteros avanzan. Tocan la *marcha de la Marina norteamericana*. Primero va el del bombo, después el del trombón y detrás el de la trompeta. Le siguen los niños, de dos en dos, llevando los gorros en las manos *extendidas*. Detrás el señor del pelo blanco llevando el billete de cien dólares sobre las manos extendidas. Le sigue el joven con la pluma estilográfica, sobre las manos extendidas. Y, finalmente, el americano negro, con el reloj, también sobre las manos extendidas.

Llegan todos ante el departamento del recién nacido. Los titiriteros pasan un poco más adelante de la puerta, dan media vuelta y se detienen. Entran en el departamento los niños y los americanos. Los niños se suben al asiento que está frente al de la madre. El americano del

---

amanecer, momento en que empieza el día.
marcha de la Marina norteamericana, cantar de los *marinos* (soldados del mar) de los Estados Unidos de la América del Norte.
extendidas, abiertas.

pelo blanco hace una reverencia y pone su regalo, el billete de cien dólares, al lado de la cuna. La madre le mira sin poder decir nada y abre mucho los ojos.

El americano joven pone su regalo, la pluma estilográfica, junto al billete. Hace una reverencia y sale.

El americano negro sonríe como un verdadero rey mago, hace una reverencia y pone el reloj junto a los otros regalos. Los ojos de la madre están llenos de lágrimas. El negro, sin dejar de sonreír, baja otra vez la cabeza. En sus ojos hay lágrimas. Los tres americanos salen del departamento. Los cuatro niños se acercan a la madre y le dan los gorros llenos de dinero. La madre abraza a los niños y llora. Se oye la música de los titiriteros.

PREGUNTAS

1. ¿En qué ciudad está parado el tren? Si la conoce Ud., hable de ella.

2. ¿Qué idea tiene el niño, hermano del soldado? ¿Cómo la lleva a cabo?

3. ¿Qué es un aguinaldo?

4. ¿Qué le regalan al niño los americanos?

5. ¿A qué otros personajes muy conocidos le recuerdan los americanos?

6. ¿Qué ha pasado desde Vallodolid hasta Segovia?

7. ¿Quiénes van esta vez al departamento del recién nacido? Describa la situación.

LLEGADA

El tren está ya cerca de Madrid.

El tren entra en la estación. Cada uno baja sus maletas. El andén está lleno de gente. Entra el tren en el andén. La gente se pone nerviosa. Mira por las ventanillas. El enlutado sigue sentado. El tren se detiene.

Los viajeros bajan. Abrazos. Besos de los que llegan y de los que esperaban.

Baja la mujer de las gafas negras, con su abrigo puesto. Detrás, un poco lejos, el amante.

La mujer que viste de negro ha bajado también. Avanza llevando su maletín tocadiscos. Detrás un mozo con las maletas. Más atrás el enamorado.

Los americanos bajan del vagón con sus abrigos claros del brazo.

Las dos muchachas del departamento del recién nacido abrazan y besan a su padre que ha ido a esperarlas.

La madre del recién nacido mira por la ventanilla.

Está nerviosa, mirando a un lado y a otro. Busca a alguien a quien no ve.

Viajeros en el andén.

Entre la gente, la pareja de la Guardia Civil, la pareja de recién casados, muy juntos, los titiriteros con sus cosas.

El enlutado mira por la ventanilla, fuma, llama a un mozo. Este llega a la ventanilla.

En el andén ya casi no hay nadie.

Germán avanza con sus hijos y su mujer. Los niños, cogidos de las manos de su padre, caminan a saltitos. Detrás, su mujer y dos personas más llevando las maletas.

Germán siente una gran emoción. Los hijos, muy contentos, caminan como los niños, a saltitos. El padre cierra los ojos que están llenos de lágrimas y coge con más fuerza las manos de sus hijos.

Toda la gente ha bajado del tren, menos la madre del recién nacido y el enlutado. La madre baja del tren con el niño en su capacho-cuna. Baja también el enlutado y mira hacia la madre. Esta se sienta en el primer *peldaño* del *estribo*. Coloca el capacho-cuna sobre su falda. El enlutado va hacia la madre. Detrás de él va el mozo con la maleta. El enlutado se detiene ante la madre.

– Si en algo puedo ayudarla...

La madre levanta los ojos hacia el enlutado.

---

peldaño, *estribo*, ver ilustración en página 60.

estribo

peldaño

Están llenos de lágrimas. El enlutado le dice al mozo:

– Baje las cosas de la señora.

Y el mozo deja la maleta y sube por la otra portezuela para no molestar a la madre.

– ¿Cómo va a llamarse el niño? – pregunta el enlutado.

La madre no puede más y llora. Entre las lágrimas contesta:

– Se llamará Miguel, como su padre.

El mozo entra en el departamento del recién nacido. Abre mucho los ojos y dice:

– ¡Uf...!

Se asoma a la ventanilla:

– Esto es un bazar... ¡Hacen falta más brazos!

El enlutado llama a otro mozo y se vuelve hacia la madre:

– Voy a subir para que los mozos no olviden alguna cosa.

Y sube por la otra portezuela para no molestar a la madre.

Y el mozo segundo corre hacia la ventanilla, Llega. Recoge el cesto.

Las cosas están en orden, el cesto que han bajado, lleno de cosas pequeñas, es el de la gitana; el capacho de la vieja está lleno de cosas más grandes; entre los juguetes, en el medio, se ve el caballito de cartón, regalo de Germán.

El mozo segundo va poniendo las cosas en el andén. Aquello es un verdadero bazar. El mozo pone el palo en forma de T con los monos entre las otras cosas. El mozo primero sale del departamento con varias gallinas en las manos.

El enlutado mira a todas partes. El *hilo* del globo le da en la frente. Lo coge y sale. Los mozos dejan las cosas junto a la madre. El enlutado baja del vagón con el globo en la mano y se acerca a la madre.

hilo, ver ilustración en página 8.

– Podemos ir adonde usted diga, señora. El taxi lo pago yo. Es mi regalo.

– Gracias, señor, muchas gracias... La mujer se levanta. Hace mucho frío. La madre casi se cae. El enlutado coge el capacho-cuna.

– *Apóyese* en mí, por favor.

Y ella se apoya en el brazo de él. Empiezan a andar por el andén. Avanzan.

De pronto, la madre se *desprende* del brazo del enlutado. Corre hacia un hombre que corre también. Se abrazan.

– Perdona que haya tardado tanto... Es... le dice el hombre.

El hombre es joven, viste *mono* azul y chaqueta. Es un *obrero*, mira hacia el enlutado. Este, entre los dos mozos, avanza al mismo paso que ellos. El enlutado con el capacho-cuna en los brazos y el globo en una mano parece otro hombre. Ya no es el hombre que hemos conocido durante el viaje y que parecía estar contento con la muerte. Ahora parece un hombre que se alegra con la vida.

– ¿Pero qué es esto? – pregunta el hombre.

– Nuestro hijo... que... ha nacido en el tren – contesta llorando la mujer.

---

apoyarse, servirse de una persona para poder hacer algo, aquí, andar.
desprenderse, separarse con fuerza.
mono, vestido que se pone el obrero para trabajar.
obrero, hombre que trabaja.

La emoción que sienten los dos es tan grande que parece que van a desmayarse. Él la abraza. Va hacia el enlutado. El enlutado y el matrimonio frente a frente. El padre mira a su hijo. Luego mira a los mozos.

– ¿Y todo eso?

– Regalos de los viajeros...

– Aún hay gente buena en el mundo – dice el padre del niño.

Ella, muy débil, se apoya con fuerza en el brazo de su marido.

Empiezan a andar. El obrero mira al enlutado, siente una gran emoción y baja la cabeza. El enlutado siente también una gran emoción y baja la cabeza. Mira al suelo.

Se alejan por el andén en el que ya no hay nadie.

Salen de la estación.

El globo, que lleva el enlutado, *tiembla*.

---

temblar, aquí, moverse (a causa de la emoción que siente el enlutado).

PREGUNTAS

1. ¿A dónde llega el tren? Si conoce la ciudad, hable de ella. ¿Conoce alguna ciudad española? Si la conoce, hable de la vida en esa ciudad.

2. ¿A quién espera encontrar la madre en la estación?

3. ¿Por qué siente tanta emoción Germán?

4. ¿Quién es el enlutado? ¿Cómo es?

5. ¿Qué representan el niño y la madre frente al enlutado?

6. ¿Cuál es la verdadera manera de ser del enlutado?

7. ¿Cuáles parecen ser las ideas del autor de la novela sobre la vida? ¿Cuál de las personas le ha interesado más y por qué? Si le han interesado más de una, diga por qué. ¿Qué valor tiene para usted la novela y por qué?

8. ¿Qué importancia tiene en el libro la hora? ¿Qué valor tiene aquí «las tres de la madrugada»?